Hurra, Schulanfang!

Mein größtes Abenteuer in Schnappschüssen

Alles Gute zum Schulanfang!

Dieses Erinnerungsalbum gehört:

Willkommen in deinem Eintragebuch zur Einschulung!

Liebe/r _____ ,

ich wünsche dir alles Liebe zu deinem ersten Schultag!

Ich hoffe, dass du einen schönen Tag hast und dich gut in deiner neuen Schule einfindest. Es ist aufregend, an einem neuen Ort zu sein und viele neue Dinge zu lernen. Aber keine Sorge, du wirst schnell merken, dass die Schule voller toller Menschen ist, die dir helfen, dich zurechtzufinden und dich unterstützen.

Ich bin sicher, dass du viele tolle Erfahrungen machen wirst und vieles lernen wirst, das dir später im Leben von Nutzen sein wird. Nutze diese Gelegenheit, um neue Freunde zu finden, deine Fähigkeiten zu entwickeln und deine Träume zu verfolgen.

Viel Glück und Erfolg auf deinem Weg wünscht
dir

_____ .

Viel Spaß beim Schreiben und Ausfüllen mit diesem Album. Und ich hoffe, dass es dir hilft, deine Einschulungszeit voll und ganz zu genießen!

DAS BIN ICH

Ich kann schon meinen Namen schreiben

Mein Spitzname

Ich wohne in

Ich bin _____ Jahre alt und wurde in _____ geboren.

Meine Telefonnummer:

Meine Augenfarbe ist

Meine Haarfarbe ist

Ich bin _____ cm groß.

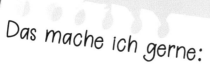

Das mache ich gerne:

Meine Lieblingsfarbe/n

Mein Lieblingstier:

Mein Lieblingsfilm:

Mein Lieblingsbuch:

Mein Lieblingslied:

Mein Lieblingsessen

MEIN SCHULRANZEN

Diese Dinge sind in meiner Schultasche:

_____

_____

_____

_____

_____

_____

_____

_____

Mein erster Schultag

Heute am

_____

ist mein erster Schultag!

Ich fühle mich heute:

☐ ☐ ☐ ☐ ☐

Darauf freue ich mich besonders:

_____
_____
_____
_____
_____
_____

Diese Menschen haben mich an meinem ersten Schultag begleitet

Hier ist ein Bild von mir
an meinem ersten Schultag:

MEIN SCHULWEG

SO KOMME ICH JEDEN TAG ZUR SCHULE:

Male hier auf, wie du jeden Tag zur Schule kommst (zu Fuß, mit dem Auto, mit dem Bus...)

Mein Schulweg dauert

_____ Minuten.

Das sehe ich auf
meinem Schulweg:

☐ Ich gehe alleine

☐ Ich gehe mit

MEINE SCHULE

Meine Schule ist die

Die Adresse der Schule ist

Unser/e Direktor/in heißt

Mein Lieblingsort in der Schule ist

weil

Das ist ein Foto von meiner Schule

Ich gehe in die Klasse _____ .

In meiner Klasse sind _____ Schüler/innen.

Wir sind _____ Mädchen und _____ Jungs.

Mein/e Sitznachbar/in heißt _____ .

Meine Klasse

UNSER KLASSENFOTO

Meine Lehrer und Lehrerinnen

NAME	UNTERRICHTSFACH

So finde ich meine Lehrer und Lehrerinnen

○ NETT

○ SCHLAU

○ LUSTIG   ○ HÜBSCH

○ TOLL   ○ LIEB

○ KREATIV

Das ist mein Klassenzimmer

So sieht mein Klassenzimmer aus:

_____

_____

_____

_____

Das sind meine Lieblingsdinge in meinem Klassenzimmer:

_____

_____

_____

Das mag ich besonders an meinem Klassenzimmer:

_____

_____

_____

DAS IST EIN FOTO VON MEINEM KLASSENZIMMER

Das haben wir als erste Hausaufgabe aufbekommen:

Hier ist ein Foto von mir bei meinen ersten Hausaufgaben:

MEIN STUNDENPLAN

ZEIT	MONTAG	DIENSTAG
1		
2		
3		
4		
5		
6		

MITTWOCH	DONNERSTAG	FREITAG

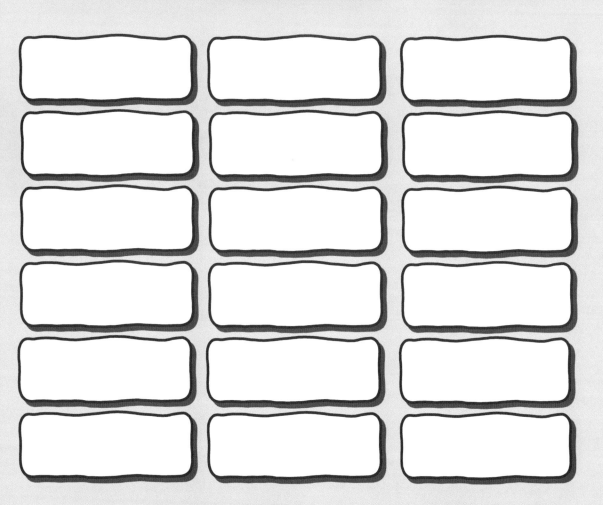

Auf den folgenden Seiten kannst du Bilder von den schönsten Momenten deiner Einschulungszeit einkleben. So kannst du dich für immer an diese besondere Zeit erinnern.

Meine schönsten
Erinnerungen
an die
Einschulung

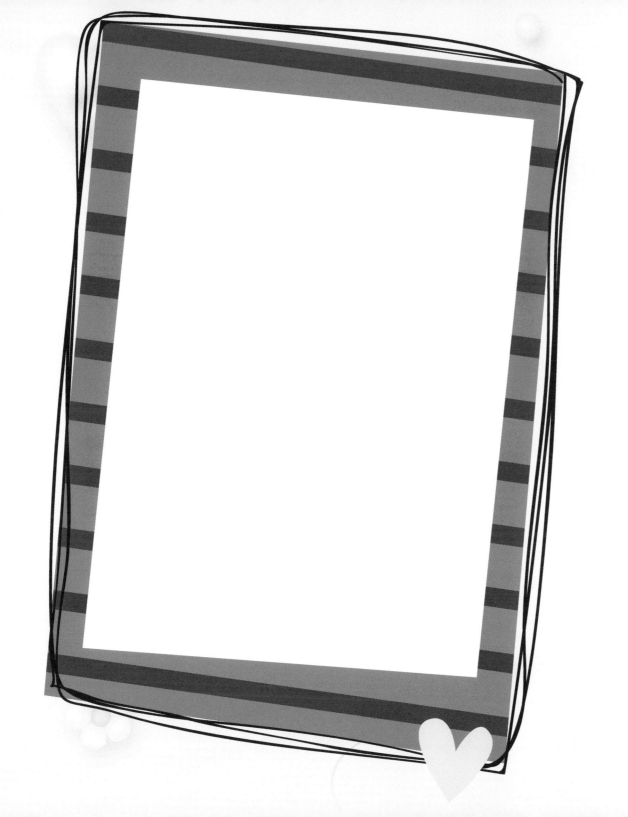

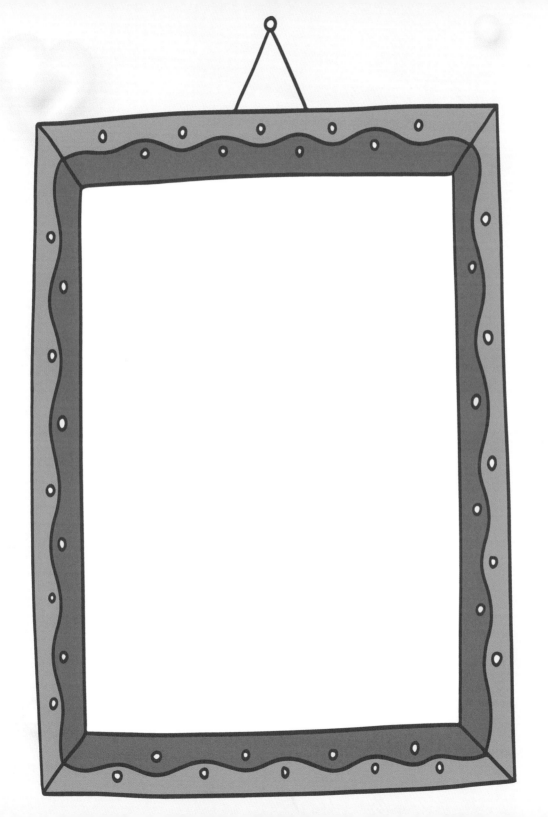

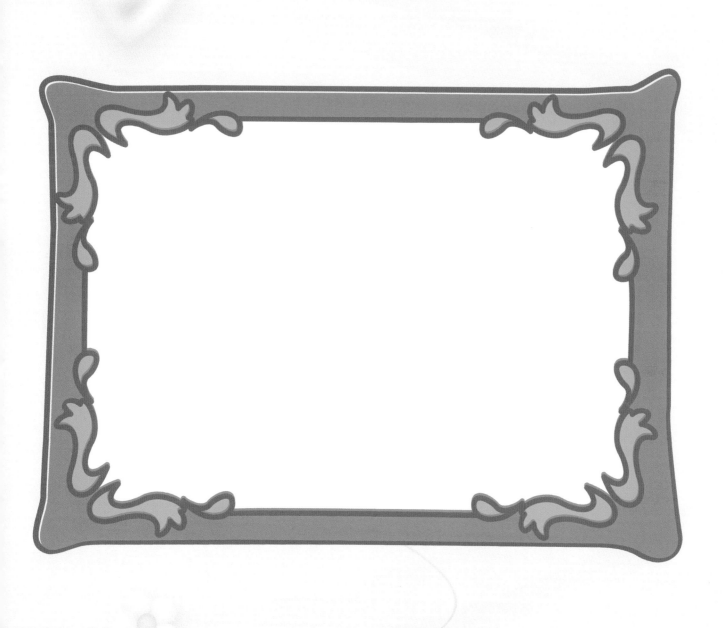

KROKO
VERLAG

Dein Feedback ermöglicht es uns, gemeinsam großartige Bücher zu gestalten. Deshalb würden wir uns über eine ehrliche Rezension freuen.

Scanne einfach den folgenden QR Code und gib ein ehrliches Feedback ab:

KROKO
VERLAG

Entdecke weitere
Bücher in unserem

Online-
Shop

http://kroko-verlag.com

Impressum

© Marie Nielsen

Das Werk ist urheberrechtlich geschützt. Jede Verwendung ohne die ausschließliche Erlaubnis des Autors ist untersagt. Dies gilt insbesondere für Vervielfältigung, Verwertung, Übersetzung und die Einspeicherung und Verarbeitung in elektronischen Systemen.

Für Fragen und Anregungen:
kontakt@kroko-verlag.com

ISBN Taschenbuch: 978-3-949809-39-2

Originalausgabe
Erste Auflage 2023
© 2023 Kroko Verlag, ein Imprint der Wunsch Buch LLC, St. Petersburg, US

Redaktion: Leopold Heptner
Lektorat und Korrektorat: Meike Licht
Covergestaltung: Danileoart, www.danileoart.com
Satz und Layout: Danileoart

Printed in Poland
by Amazon Fulfillment
Poland Sp. z o.o., Wrocław

25218419R00027